BEI GRIN MACHT SICH IHR
WISSEN BEZAHLT

AF151060

- Wir veröffentlichen Ihre Hausarbeit,
  Bachelor- und Masterarbeit

- Ihr eigenes eBook und Buch -
  weltweit in allen wichtigen Shops

- Verdienen Sie an jedem Verkauf

Jetzt bei www.GRIN.com hochladen
und kostenlos publizieren

Bibliografische Information der Deutschen Nationalbibliothek:

Die Deutsche Bibliothek verzeichnet diese Publikation in der Deutschen National-
bibliografie; detaillierte bibliografische Daten sind im Internet über http://dnb.d-
nb.de/ abrufbar.

Dieses Werk sowie alle darin enthaltenen einzelnen Beiträge und Abbildungen
sind urheberrechtlich geschützt. Jede Verwertung, die nicht ausdrücklich vom
Urheberrechtsschutz zugelassen ist, bedarf der vorherigen Zustimmung des Verla-
ges. Das gilt insbesondere für Vervielfältigungen, Bearbeitungen, Übersetzungen,
Mikroverfilmungen, Auswertungen durch Datenbanken und für die Einspeicherung
und Verarbeitung in elektronische Systeme. Alle Rechte, auch die des auszugsweisen
Nachdrucks, der fotomechanischen Wiedergabe (einschließlich Mikrokopie) sowie
der Auswertung durch Datenbanken oder ähnliche Einrichtungen, vorbehalten.

Impressum:

Copyright © 2010 GRIN Verlag, Open Publishing GmbH
Druck und Bindung: Books on Demand GmbH, Norderstedt Germany
ISBN: 9783640538645

Dieses Buch bei GRIN:

http://www.grin.com/de/e-book/144552/leopold-von-rankes-rede-gefuehl-der-
nation-von-1871-eine-textanalyse

Christina Herzog

Leopold von Rankes Rede "Gefühl der Nation" von 1871 - Eine Textanalyse

GRIN Verlag

GRIN - Your knowledge has value

Der GRIN Verlag publiziert seit 1998 wissenschaftliche Arbeiten von Studenten, Hochschullehrern und anderen Akademikern als eBook und gedrucktes Buch. Die Verlagswebsite www.grin.com ist die ideale Plattform zur Veröffentlichung von Hausarbeiten, Abschlussarbeiten, wissenschaftlichen Aufsätzen, Dissertationen und Fachbüchern.

Besuchen Sie uns im Internet:

http://www.grin.com/

http://www.facebook.com/grincom

http://www.twitter.com/grin_com

Ranke, Leopold von

Rede: „Gefühl der Nation"

Rede als Erster Vorsitzender vor der Historischen Kommission der Bayerischen Akademie der Wissenschaften zu München im September 1871 anläßlich der Deutschen Reichsgründung[1].

Textanalyse

Beim vorliegenden Text handelt es sich um eine Rede Leopold von Rankes zur Gründung des Deutschen Kaiserreichs unter der Dynastie der Hohenzollern, welche um 1871 vollzogen worden war.

Er hielt sie als Erster Vorsitzender der Historischen Kommission der Bayrischen Akademie der Wissenschaften zu den Themen der Reichsgründung und der implizierten Frage des Verhältnisses Deutschlands zum Kaiserreich Österreich.

In der neueren deutschen Geschichte ist die Reichsgründung 1871 eines der herausragendsten Ereignisse, weil es die Mehrheit der deutschen Bevölkerung in einem Reich einte, welches in weiten Teilen auch dem damaligen Siedlungsraum entsprach. Nach der Vernichtung des Heiligen Römischen Reiches Deutscher Nation durch Napoleon, welches zwar kein moderner Nationalstaat im heutigen Sinne war, aber dennoch eine Art verbindende Klammer um die zum Reich gehörenden selbständigen Gliedstaaten und deren Bevölkerung faßte, gab es keine einende Staatlichkeit für die Bevölkerung Zentraleuropas mehr.

Vielmehr bildete sich in der Folge des Wiener Kongresses ein Dualismus zwischen den erfolgreichsten ehemaligen Territorialmächten des zerstörten Heiligen Römischen Reiches, nämlich Preussen und Österreich, heraus. Auf der einen Seite versuchten diese Regionalmächte ihren Einfluß auf den neuen Deutschen Bund und damit auf die verbliebenen deutschen Länder auszubauen, auf der anderen Seite unterließen sie eine zu starke Integration in supranationale Strukturen, um die eigene Machtposition nicht zu gefährden. Insofern standen bei beiden Reichen die Konsolidierung der eigenen Machtposition, vor allem nach außen, und innenpolitisch die Zerschlagung einer deutsch-nationalen Opposition im Vordergrund. Da sich in den jeweiligen Reichen, durch die enormen

---

[1] Vgl. Ranke, Leopold von: Das Gefühl der Nation; in: http://www.deutschlanddokumente.de/hstRanke.htm, 28.01.10

1

Fortschritte in wissenschaftlicher und ökonomischer Hinsicht, zudem ein neues selbstbewußtes Bürgertum herausbildete, welches an machtpolitischen Prozessen zu partizipieren gedachte, die monarchistischen Strukturen aber an immer weniger legitimierten und legitimierenden Instrumenten der Herrschaft festhielten, war es für den Fortbestand der Monarchie in der damaligen Form essentiell eine demokratische Opposition, welche vor allem von den Studenten und ihren Studentenverbindungen (insbesondere den Burschenschaften) getragen wurde, gar nicht erst erstarken zu lassen und sie effektiv zu bekämpfen. Nachfolgend formte sich in beiden Staaten, aber auch in anderen deutschen Herrschaftsgebieten, ein äußerst repressives Regime heraus, welches nach seinem Initiator auch Metternichsches Regime genannt wurde.

Zwar führte diese Politik zur demokratischen Revolution von 1848, diese wurde allerdings niedergeschlagen. Es ist jedoch heute davon auszugehen, daß trotz dieser Niederschlagung eine gewisse Auswirkung dieser Revolution auf die Regime stattgefunden hat und, zur Herrschaftskonsolidierung aber auch zur wirtschaftlichen Entfaltung der Menschen, ein gewisser indirekter Einfluß gegeben war. So wurden nachher bestimmte Reformen durch- und Mitbestimmungsmöglichkeiten eingeführt, wenn auch nicht so weitereichend wie ursprünglich gefordert.

Nichtsdestotrotz zeichnete sich bei Preussen, welches bereits während der napoleonischen Kriege tiefgreifende Reformen in Heer- und Bildungswesen durchgeführt hatte, unter zunächst ähnlichen politischen Bedingungen wie in Österreich, immer deutlicher ab, daß es dieses viel größere Land ökonomisch und geistig zunehmend überflügelte. Die Reformen im Militär sind bis heute fester Bestandteil der deutschen Armee und auch die Bildungsreformen Humboldts hatten bis vor wenige Jahre Bestand. Sie waren wesentlich am Aufbau und Erfolg der deutschen schulischen und universitären Ausbildung, und betrachteten, insbesondere letzteres, als zweckfreies Streben nach Wissen zur Erbauung des Individuums. Gerade diese unabhängige und zunächst zweckfreie Wissenschaft war interessanterweise eine der Ursachen des deutschen wirtschaftlichen Erfolges bis weit ins 20. Jahrhundert hinein. Erst als 1999 ein rechtlich nicht bindender Vertrag zwischen den Bildungsministern der europäischen Staaten geschlossen wurde, vernichtete man das deutsche -universitäre- Bildungswesen sukzessive, aber nachhaltig und bezeichnete dies als „Bologna- Prozeß".

Durch die Wirkung der Emser Depesche 1870 erklärte Frankreich Preussen und seinen Verbündeten den Krieg. Das Königreich Preussen nutzte die gesamtdeutsche Stimmung propagandistisch aus und konnte im Zuge des erfolgreichen Krieges, nach der Schlacht von Sedan, eine Einigungsbewegung initiieren, steuern und nutzen, um ein einiges Deutsches

Kaiserreich unter Preussens Führung, also unter Erbmonarchie der Könige Preussens, zu etablieren. Österreich, welches durch die deutschen Bevölkerungsteile des Reiches und im Hinblick auf die selbstverstandene kontinentale Führungsrolle- auch in bezug auf den Deutschen Bund-, kein Interesse an einer solchen Entwicklung haben konnte, schied aus dem dualistischen Ringen als Verlierer aus und mußte als schwächerer Juniorpartner in eine enge Beziehung zum Deutschen Reich treten.

Allerdings schied mit dieser Kleindeutschen Lösung, welche vor allem den Interessen Preussens entsprach, auch die großdeutsche Lösung (dies entsprach einem Reich mit der deutschstämmigen Bevölkerung Österreichs) als auch die teilweise utopische Lösung eines „Reichs der 150 Millionen" (dieses Reich sollte das Gebiet des ehemaligen HRR und des Kaiserreichs Österreich vollständig umfassen) aus.

Es handelt sich bei dem vorliegenden Text also um eine Rede zu genau dem o.g. Sachverhalt und soll vor dem persönlichen historistischen Hintergrund Rankes dessen Einschätzung dieser Prozesse verständlich machen.

Ranke gilt als einer der prominentesten Vertreter des Historismus im allgemeinen und desselben in Deutschland im speziellen. Er wurde am 21.12.1795 in Thüringen geboren und gilt als wegweisender Vordenker der Geschichtswissenschaft und hier vor allem des Historismus. Beim Historismus handelt es sich um eine vor allem im 19. und 20. Jahrhundert in Deutschland sehr populäre und einflußreiche geschichtswissenschaftliche Strömung, welche auch philosophische Denkweisen integrierte.

Prägend war vor allem die Vorstellung, daß die Geschichtlichkeit des Menschen insofern bedeutend sei und er somit diese auch gestalte, inwieweit er von der Vergangenheit in Form von Tradition und des Bewußtseins hierüber beeinflußt wird und dies für ihn begreifbar ist. Die Betrachtung geschichtlicher Prozesse wird somit auf eine individualistische Ebene projiziert, welche den „Staat" oder die „Nation" nicht als rationale Ergebnisse gesellschaftlicher (geschichts- metaphysischer) Prozesse begreift, sondern als eine organisch und geschichtlich hervorgebrachte Wesenhaftigkeit. Auf diese Weise sollte zu einer explizit objektiven und empirisch fundierten Betrachtungsweise geschichtlicher Ereignisse und Phasen beigetragen und die hermeneutische Wissenschaft als solche gestärkt werden. Nicht zu verwechseln ist der Historimus mit dem Historizismus, welcher andere Schwerpunkte in der Betrachtung geschichtlicher Sachverhalte setzt, allerdings häufig von Kritikern des Historismus als Argument gegen diesen angeführt wurde und wird.

Ranke hatte im Laufe seines Lebens hohe Positionen im öffentlich- akademischen Bereich inne, war über diese sehr einflußreich und besaß damit durchaus auch eine gewisse Deutungshoheit Begrifflichkeiten und Verständnisweisen betreffend. Ranke starb 1886 in Berlin.

Die vorliegende Rede wurde von dem Historiker persönlich zu Lebzeiten gehalten. Im Rahmen der damaligen geschichtswissenschaftlichen Debatten ist diese Rede als historistisches Zeitdokument durchaus aktuell und plausibel.

Die Rede gliedert sich inhaltlich in drei Hauptteile, wobei der erste Teil aus einer Einleitung in das Thema besteht. Hierbei läßt Ranke das HRR historisch revuepassieren sowie dessen historische, ja ideale, Bedeutung herausstellen.

Rankes Ausführungen sind subjektivistisch und leiten keine wissenschaftliche Untersuchung oder Auseinandersetzung mit den Ereignissen des Jahres 1870/ 71 ein, sondern begründen die vorgenommene Argumentationskette Rankes unter dem Eindruck des Historismus.

Insofern wird der Zuhörer bereits in der Einleitung in eine bestimmte Richtung beeinflußt.

Nach der entsprechenden Denkweise und innewohnenden typischen Vorgehensweise im Rahmen der Vorstellungen historistischer Entwicklungen, wird zunächst eine Verortung des zu behandelnden Prozesses und des entsprechenden Subjektes in der Geschichte vorgenommen. Dies soll die Plausibilität des Vorgehens unterstreichen und die geschichtlichen Ereignisse in eine organisch begründbare Zwangsläufigkeit einordnen.

Aus diesem Grund erfolgt zu Beginn der Rede ein Verweis auf das alte *„Römisch- deutsche Reich".* Die Ausführungen zur Geschichte und Legitimation des Reiches dienen als theoretischer Unterbau der Ranke eigenen Ausführungen. Auf dieser Grundlage fußt seine im nächsten Abschnitt, dem dreigliedrigen Hauptteil, formulierte Theorie:

„Die Tatsache an und für sich verknüpft die Jahrhunderte unserer Geschichte: Sie ist der Ausdruck des Gemeingefühls der Nation, wie es von Urzeiten her gebildet, die Gegenwart erfüllt. Und dadurch, daß die neue Würde erblich übertragen worden ist, bietet sie eine Gewähr der Einheit für die Zukunft, wie sie noch niemals vorhanden war."

Der dem Historismus innewohnende Charakter der Fokussierung auf Persönlichkeiten in der Geschichte, wird durch die indirekte Ansprache der „Übertragung der Würde" mehr als deutlich. Gemeint sind die preussischen Könige und jetzigen Kaiser.

Noch deutlicher wird die Herstellung einer organischen Verbindung zwischen Geschichte und personifiziertem Akteur in dieser Passage:

„Einer der großen Stämme der Nation, durch den Lauf der Ereignisse auch von den letzten
gemeinsamen Kämpfen und von der dadurch bedingten Gemeinschaft des neuen Reiches
ausgeschlossen [...]"

Die Habsburger Monarchie wird hier sogar als deutscher Stamm bezeichnet.
Die Einleitung enthält zudem einen kurzen Hinweis auf die geschichtliche Bedeutung des
Prozesses und somit auch einen Hinweis auf die Notwendigkeit der geschichtlichen
Erforschung dessen. Das heißt, Ranke begründet bereits in der Einleitung die Notwendigkeit
der wissenschaftlichen Auseinandersetzung mit dieser Epoche und den entsprechenden
Persönlichkeiten. Zitat:
„Es ging [1870] ein Gefühl durch die Nation, daß das Deutsche Reich und Kaisertum
wiederhergestellt werden müsse. Man könnte ein Buch darüber schreiben, welche
Wandlungen die Idee des Kaisertums in den verschiedenen Jahrhunderten erfahren hat."

Die Einordnung der geschichtlichen „Persönlichkeiten" Preussens und Österreichs (mit den
entsprechenden Repräsentanten) in den größeren geschichtlichen Kontext wird im bereits
erwähnten Hauptteil vorgenommen und führt die Argumentation in einem Resümee, als
letzter kurzer Teil dieses Textes, zu einem Ende. In diesem Hauptteil begründet Ranke die
geschichtliche Bedeutung des Prozesses mit dem Erläutern desselben. Persönlichkeit in Form
der Reiche und geschichtlich relevanter Prozeß ergänzen sich einander und beeinflussen sich
gegenseitig.

Die Ausführungen Rankes machen die historisierende Argumentationskette für den Zuhörer
unfraglich, da sie zum einen logisch und kohärent ist sowie die scheinbare idealisierte
Darstellung der Geschichte des HRR im momentanen Prozeß der Reichsgründung ihre
Richtigkeit und Zwangsläufigkeit unter Beweis gestellt hat.
Eben diese Vorgehensweise, die Verortung des Prozesses in der Geschichte, welcher sich
durch aktuelle Ereignisse als richtig herausstellt, sichert die Argumentation vor eventueller
Kritik ab.

Die sprachliche Ausgestaltung dieser Rede bewegt sich auf einem normalen Niveau.
Es ist festzuhalten, daß die verwendete Sprache von einem Großteil der Menschen verstanden
werden konnte, wenngleich einige Fachausdrücke und indirekte Ansprachen folgen. Da diese
Rede vor einem Publikum stattfand, welches über die aktuellen Ereignisse gut informiert war,

war der Sachverhalt von den Zuhörern in seiner Gänze wahrscheinlich korrekt zu erfassen. Die Sprache ist mitunter überschwenglich, aber dennoch so gestaltet wie man wohl zu dieser Zeit auch im Alltag zu sprechen pflegte.

Die Rede wirkt in ihrem Aufbau auf den Zuhörer langsam emporsteigend und so dann phasenweise eruptiv.

Als besonderes sprachliches Mittel benutzt Ranke pathetische Formulierungen in Verbindung mit einer Interpunktion, welche die Sätze manchmal unvollständig abkürzt- jedenfalls wirken diese aus unserer Sicht und grammatikalischem Verständnis unvollständig! Diese, mitunter als Ellipse bezeichneten, Satzkonstruktionen treten in Rankes Rede vor allem am Schluß auf und stellen dort den Klimax der Ausführungen dar. Deutlich wird dies vor allem durch: *„Österreich hat nun seinen Anspruch, auf das Innere mitzuwirken, fallen lassen; das neue Reich ist mit ihm in einen Bund getreten, wie es den Verhältnissen einzig angemessen, das gesammelte Nationalgefühl kann der Zukunft ruhig entgegensehen. "*

Ranke benutzt zudem eine Höflichkeitsform der dritten Person für staatliche Gebilde in Verbindung mit der indirekten Rede. Außerdem unterscheidet er nicht zwischen angesprochenen Persönlichkeiten und staatlich organisierten Konglomeraten.

Ranke benutzt kaum komplizierte Verschachtelungen, sogenannte Hypotaxen, im Satzbau, die Ellipsen sind so wie sie gesetzt sind im Rahmen der Wirkung auf die Zuhörer explizit gewollt. Die gemachten Aussagen und Formulierungen sind klar und, unter Berücksichtigung der damaligen sprachlichen Normalität, gut zu erfassen.

Allerdings benutzt Ranke eine Art Metapher um den „Erbfeind Frankreich" zu charakterisieren. Es handelt sich hierbei um eine bildhafte und anschauliche Wortwahl, dessen bildnerische Gesamtheit sich aus dem Gesamtkontext ergibt bzw. sich dem Zuhörer erschließt, ohne Frankreich oder Napoleon direkt zu benennen:

„Unter der ausschließenden Führung Preußens hat sich eine Macht gebildet, welche auch ohne Teilnahme Österreichs den Feind bestanden hat, dem wir in früheren Zeiten eben infolge jener inneren Spaltung, und mehr als einmal, unterlegen waren. Deutschland hat auch in dieser Beschränkung seine Stellung gewaltig eingenommen. "

und

[...], solange bis das Reich unter Einwirkung eines fremden Eroberers in seinen Formen zertrümmert [...] "

Wie man bereits bei erstem Zitat erkennen kann, handelt es sich bei der Beschreibung des neuen Reiches und der Umstände, welche zu ihm führten, um Überhöhungen. Diese Evokationen sind häufig und sollen den geschichtlichen Moment in seiner ganzen Tragweite verdeutlichen.

Tatsächlich werden ebenso und in Ergänzung Hyperbeln benutzt, um das Geschichtliche und dessen Größe adäquat beschreiben zu können. Diese können jedoch auch als sprachliches Bild interpretiert, teilweise können sie aber auch eher als Evokationen verstanden werden:

„innerer Gleichförmigkeit und wirksamer äußerer Aktion gelangen sollte"

Entgegen einem wissenschaftlichen Aufsatz nimmt sich Ranke in der Voranstellung von Wertungen nicht zurück. Dies ist vor dem geschichtlichen Hintergrund der Rede nachzuvollziehen, unter historisch- wissenschaftlichen Gesichtspunkten jedoch nicht zulässig. So soll damit gewiß provoziert und so das versierte Publikum gelenkt werden können. Andererseits wirken derartige Passagen kritiklos, verklärend und wünschend- träumerisch:

„Das Römisch-deutsche Reich, wie es im 12. und 13. Jahrhundert erscheint, war viel zu großartig angelegt"

„[...] bietet sie eine Gewähr der Einheit für die Zukunft, wie sie noch niemals vorhanden war."

„Daß dies geschehen ist ... ist von der größten historischen Wichtigkeit.„

„Das Kaisertum Österreich und das Deutsche Kaisertum sind in ein enges Verständnis miteinander getraten, das jede Feindseligkeit ausschließt."
„das gesammelte Nationalgefühl kann der Zukunft ruhig entgegensehen."

Selbstverständlich kann diese Art der Argumentation auch als Deutschtümelei und nationaler Überschwang interpretiert werden. So formuliert Ranke nicht nur den Volksgedanken, welcher zu *„gemeinsamer Aktion"*- also gemeinsamen Handeln befähige, er ergreift auch explizit Partei wenn er schreibt:

„[...]dem wir in früheren Zeiten eben infolge jener inneren Spaltung[...]"

Andererseits handelt sich beim Verweis auf die Zukunft aufgrund des Nationalgefühls nicht nur um einen Wunsch, sondern auch um eine Emphase, welche zum Zwecke der Legitimation des Kaisertums benutzt wurde und von welchem man so nur das Beste zu erwarten habe.

Die scheinbare Verklärung der Geschichte unter dem Gesichtspunkt einer deutsch-romantischen Vorstellung ist ein dem Historismus eigener Wesenszug und wird von Ranke ohne Vorbehalte in einem Themenkomplex benutzt, welcher heute eventuell als problematisch aufgefaßt werden könnte.

Man muß sich jedoch vor Augen halten, daß zur damaligen Zeit, also zur Lebzeit Rankes, eine derartige Begeisterung für dieses einige Reich durchaus absolut normal waren, also nichts Ungewöhnliches für einen Wissenschaftler darstellte.

Ranke nutzt kaum Fremdworte um seine Darstellungen auszuschmücken, sie akademisch aufzuwerten oder noch dezidierter zu codieren. Möglicherweise erschien ihm diese Art Sprache, in einer Zeit in der im Gelehrtenbetrieb zumindest Latein üblich war, in seinen Ausführungen als unnötig ob der Höhe der eigenen wissenschaftlichen Disziplin und Ausführungen. Mit einer verstärkten Verwendung der deutschen Sprache, im Sinne eines zunehmenden Patriotismus in dieser Epoche könnte dies allerdings durchaus auch zu tun haben. Das Publikum wird die Verwendung der deutschen Sprache insofern erwartet haben.

Vergleiche benutzt Ranke vorsichtig und meist ausschließlich um die Prozeßhaftigkeit der Ereignisse auf dem Weg zum Deutschen Reich darzustellen. Dieses Mittel ist in der Wissenschaft durchaus gängig, um Legitimation zu erzeugen oder inhaltliche oder persönliche Abgrenzungen vorzunehmen. Ranke benutzt jedoch keinen direkten Vergleich, er gestaltete ihn sprachlich so, daß er die Rede in Form einer leicht nachvollziehbaren Klammer faßt.

Die vergleichende Klammer, welche einer legitimierenden Logik entspricht, lautet:

„Der König von Bayern, der mächtigste unter ihnen, ergriff dabei die Initiative, denn wie die alten Traditionen es mit sich brachten, von den Fürsten selbst mußte die Wiederherstellung des Kaisertums ausgehen."

zu

„Unter der ausschließenden Führung Preußens hat sich eine Macht gebildet, welche auch ohne Teilnahme Österreichs den Feind bestanden hat, dem wir in früheren Zeiten eben infolge jener inneren Spaltung, und mehr als einmal, unterlegen waren."

Ein weiterer ähnlich gelagerter Vergleich erfolgt zwischen:

„Einer der großen Stämme der Nation, durch den Lauf der Ereignisse auch von den letzten gemeinsamen Kämpfen und von der dadurch bedingten Gemeinschaft des neuen Reiches ausgeschlossen, schien sich sogar feindselig gegen dieselbe zu verhalten. Auch dieser Übelstand ist durch die jüngsten Ereignisse behoben worden."

zu:

„Österreich hat nun seinen Anspruch, auf das Innere mitzuwirken, fallen lassen; das neue Reich ist mit ihm in einen Bund getreten, wie es den Verhältnissen einzig angemessen, das gesammelte Nationalgefühl kann der Zukunft ruhig entgegensehen."

Hierbei wird eine Entwicklung, mit zudem positivem Ausgang, dargestellt.

Gleichwohl benutzt Ranke eine rhetorische Frage um in einem ersten Höhepunkt zur Mitte der Rede zu erzeugen und den Spannungsbogen in der gewünschten Form für den Zuhörer zu gestalten:

„Sollten nun diese, namentlich die gleichberechtigten Könige einen Kaiser über sich erkennen?"

Die vorliegende Rede ist selbstbewußt gestaltet, die Wirkung auf den Zuhörer ist vor diesem Hintergrund omnipotent und begeisternd. Zum einen ist es die Wuchtigkeit der Sprache, welche sehr gut gesetzt ist, und zum anderen die logischen und absolut nachvollziehbaren Argumentationsstrukturen. Der Adressatenkreis wurde bereits mehrfach umrissen und die Vermutung liegt nahe, daß es sich um keinen bestimmten handeln mußte, obwohl diese Rede selbstverständlich nicht vor großem und gemeinem Publikum gehalten worden war.

Die Behauptung, daß Preussen wirkmächtiger als Österreich und somit Träger der Geschichte gewesen sei ist die zentrale Aussage des Textes. Allerdings soll auch die freundschaftliche Beziehung dieser beiden Staaten quasi aus der Geschichte erwachsen, weil nur die Klärung des Verhältnisses durch die Reichsgründung dem gegenseitigen Verständnis im Wege stand- dies also „nur" geklärt werden mußte.

Ranke unterschlägt dem Zuhörer jedoch die Bedeutung der Freundschaft Preussens und Österreichs. Eventuell tatsächlich unbewußt, möglicherweise aber auch in Absicht. Denn einem Analytiker wie Ranke konnte nicht verborgen geblieben sein, daß Österreich schwach war und über keinerlei Einfluß die aktuellen Prozesse betreffend verfügte.

Die Vorstellungen des Historismus werden über dieses Thema zudem hervorragend transportiert und dem Zuhörer deutlich gemacht. Ranke schreibt:

„Die Tatsache an und für sich verknüpft die Jahrhunderte unserer Geschichte: Sie ist der Ausdruck des Gemeingefühls der Nation, wie es von Urzeiten her gebildet, die Gegenwart erfüllt. Und dadurch, daß die neue Würde erblich übertragen worden ist, bietet sie eine Gewähr der Einheit für die Zukunft, wie sie noch niemals vorhanden war. "

sowie

„Nur noch ein Moment war unerledigt. Einer der großen Stämme der Nation, durch den Lauf der Ereignisse auch von den letzten gemeinsamen Kämpfen und von der dadurch bedingten Gemeinschaft des neuen Reiches ausgeschlossen, schien sich sogar feindselig gegen dieselbe zu verhalten. Auch dieser Übelstand ist durch die jüngsten Ereignisse behoben worden. Das Kaisertum Österreich und das Deutsche Kaisertum sind in ein enges Verständnis miteinander getraten, das jede Feindseligkeit ausschließt. "

Der Omnipotenz dieser Sätze aufgrund ihrer sprachlichen Wucht, wohnt zudem eine Logik inne, welche so gut wie gar nicht in Zweifel gezogen werden kann. Biographien von Personen sowie Staaten und Geschichte vermengen und bedingen sich scheinbar gegenseitig.

Ranke hat diese Art des Redeaufbaus bewußt gewählt, nichts daran ist zufällig und selbstverständlich soll damit eine Wirkung beim Hörer erzielt werden. Dies trifft auf den gesamten Text zu.

Ranke schafft mit dieser Rede keine geschichtswissenschaftliche Analyse der historischen Ereignisse als akademischen Beitrag und zur Erläuterung eines unbehandelten Problems.

Ranke will auch keine bewußte historistische Analyse zur geschichtlichen Forschung bzgl. der deutschen Frage leisten, auch soll kein leistungsfähiges Analyseinstrument anderen Forschern zur Verfügung gestellt werden.

Seine Rede ist eindeutig subjektiv und propagandistisch, sie nutzt die Elemente der historistischen Analyse, um im Rahmen einer öffentlichen Ausführung eines zeitgenössischen Problems größtmögliche Wirkung beim Zuhörer zu entfalten und gleichzeitig die Richtigkeit der Darstellungen zu untermauern.

Ranke schreibt:

„Es gab eine Zeit, wo das Kaisertum den Mittelpunkt der abendländischen Nationen bildete: Der Rang und das Emporkommen der deutschen Fürsten beruht darauf, daß sie es waren, die der gesamten Christenheit ein weltliches Oberhaupt gaben. "

An dieser Stelle kommt eine weitere Eigenheit der historistischen Betrachtung geschichtlicher Phänomene zum tragen, welche über die Verweis der historischen Betrachtung des Gottesgnadentums europäischer bzw. deutscher Fürstenhäuser die eigene Argumentation untermauert. Gerade der Verweis auf eine gottgegebene Art historischer Ereignisse ist typisch bei Rankes historistischer Auffassung von Geschichte und ihrer Interpretation.

Auch der Titel dieser Rede zeugt von der Intention des Redners. Es wird ein romantisch völkisches Gefühl angesprochen, etwas fühl- aber kaum faßbares. Ein Gefühl der Nation und hier explizit der deutschen. Man kann davon ausgehen, daß Ranke dies in absolut besten Gewissen tut. Es ist weniger ein Überlegenheitsgefühl, welches sich aus einem Nationalismus speist, als vielmehr ein wiederkehrender Beweis für das Verständnis des Historistischen an Zusammenhängen, welche die Welt aktiv und nachhaltig beeinflussen.

Soll die Rede einer abschließenden Beurteilung unterzogen und eine Würdigung vorgenommen werden, so läßt sich festhalten, daß sie absolut stringent und logisch aufgebaut ist. Die Aussageabsicht der Rede, also die Darstellung der geschichtlichen Ereignisse im Verlauf der Reichsgründung und deren Glorifizierung erreicht Ranke vollständig. Eine andere Aussage, nämlich vor dem Hintergrund des Historismus eine Einordnung des Verhältnisses in einen geschichtlichen Kontext vornehmen zu wollen, gelingt ebenfalls. Es ging in dieser Rede um ein Ausgreifen aus den Rahmenbedingungen, welche durch das historistische Instrumentarium einem geschichtswissenschaftlichen Forscher wie Ranke ein bestimmtes Vorgehen und eine bestimmte Darstellung der Ereignisse oktroyiert hätte. Die historische Analyse ist Mittel zum Zweck, wenngleich Ranke dies möglicherweise nicht so gesehen hätte und von dieser Art der Darstellung ebenso überzeugt gewesen wär. Die Frage ist, ob eine Rede dies leisten kann oder soll. Sie ist auch eine persönliche Verortung des Redners, insofern kann bei der möglicher Kritik, kein elementarer Vorwurf gegen Ranke erhoben werden. Eine Rede muß begeistern, wenn sie gehört werden soll. Dieses Ziel erreicht Ranke, er animiert zum immer fortwährenden Zuhören. Im Rahmen der Argumentationslogik der Historismus als wissenschaftliche Disziplin zur Erörterung von geschichtswissenschaftlichen Fachfragen muß für den Zuhörer eben dies nicht transparent gestaltet und plausibel dargestellt werden- eine Rede wäre das falsche Froum.. Einen prinzipiellen Widerspruch zu diesem Text oder eine Wertung verbietet sich aus Sicht eines Textanalytikers des 21. Jahrhunderts. Etwas Derartiges wäre nicht zielführend, weil der heutige Kenntnisstand über den Historismus, den die geschichtlichen Zusammenhänge der

Reichsgründung und Ranke dies unmöglich und gegebenenfalls auch unzulässig erschienen lassen könnte. Insofern ist fundamentale Kritik schwierig zu formulieren und zwingt den Leser von heute eine Einordnung des Gesamtwerkes, dessen Einleitung hier vorliegt, im Kontext der damaligen Zeit vorzunehmen.

Wenn dieses theoretische Konstrukt zur Beurteilung der Leistung Rankes als gegeben begriffen wird und ein Großteil der heute zur Verfügung stehen Information über Ranke selbst, den deutsch- französischen Krieg und die Hohenzollerndynastie unberücksichtigt bleibt, erscheint diese Rede durchaus als auf der „Höhe der Zeit" befindlich. Der Historismus als durchaus neue und erkenntniserweiternde Analyseform hat seine Berechtigung und ist durch seine hervorragende Anwendbarkeit so populär geworden. Er erschließt neue Arten des Verständnisses von geschichtlichen Ereignissen und vor allem auch von Prozessen, was zur damaligen Zeit außerordentlich neu war. Dies muß er aber in diesem Kontext nicht unter Beweis stellen.

Problematisch sind dieser Text sowie die Aussagen nicht, wenn man von einigen Evokationen absieht und sie als übliche verwendete Sprache begreift. Wissenschaftliche Praxis heutiger Zeit ließe eine solche Wortführung in einem wissenschaftlichen Text natürlich überhaupt nicht mehr zu, in einer Rede würde sich der Redner unter normalen Bedingungen wahrscheinlich einige Zurückhaltung auferlegen.

Deutlich zeigt sich in der Wortwahl Rankes und im Satzbau auch jene romantische Beschreibungs- und Erklärungsart, welche von den Kritikern oft als Verklärung bezeichnet wird. Dies hat tatsächlich nichts mit der Tragfähigkeit der wissenschaftlichen Analyse des Historismus zu tun, sondern vielmehr mit einer nach außen wirkenden Form der Darstellung von Problemlagen, Wirkungen und Ergebnissen- noch dazu in einer mitreißenden Rede. Wenn nicht direkt als stilistisches Mittel, so doch sprachlich in einem größeren Zusammenhang, welcher sich aus der Gesamtheit der Darstellungen ergibt.

Deutlich wird dies im folgenden Zitat. Während im ersten Teil direkt überhöht bzw. gewertet wird, erfolgt dies im zweiten Teil der Rede rein durch den sprachlichen Zusammenhang über ein Ereignis:

„In diesem Sinn ist jedoch das Kaisertum niemals vollkommen realisiert worden. Das Römisch-deutsche Reich, wie es im 12. und 13. Jahrhundert erscheint, war viel zu großartig angelegt, um in dem ganzen Umfang seiner Grenzen als eine Einheit zur Geltung zu kommen; aber allmählich erhielt die ursprüngliche universale Idee eine lediglich deutsche Bedeutung. Die Kaiser hörten auf, in Rom gekrönt zu werden, aber die in Deutschland erwählten Könige behielten die Würde auch ohne Krönung."

Ein ähnliches Konstrukt läßt sich in diesem Zitat finden. Der sprachliche Zusammenhang wird hier zunächst im ersten Teil vorgenommen, im zweiten Teil dann die direkte Wertung: *„Am Tage liegt, daß Österreich und Preußen bei dem Gegensatz, der sie voneinander trennt, zusammen nicht wohl Mitglieder des Reiches sein konnten, wenn dies zu innerer Gleichförmigkeit und wirksamer äußerer Aktion gelangen sollte. Unter der ausschließenden Führung Preußens hat sich eine Macht gebildet, welche auch ohne Teilnahme Österreichs den Feind bestanden hat, dem wir in früheren Zeiten eben infolge jener inneren Spaltung, und mehr als einmal, unterlegen waren. Deutschland hat auch in dieser Beschränkung seine Stellung gewaltig eingenommen. "*

Nichtsdestotrotz ergibt sich genau in diesem Punkt ein Problem, welches auch im Zusammenhang einer ideologisierten geschichtlichen Betrachtungsweise steht und den Historismus nur mehr als argumentative Grundlage bestimmter Ereignisse, denn als analytisches Instrumentarium der Geschichtswissenschaft begreift.

So kann die, vor allem von Ranke vertretene „Gesetzmäßigkeit" als durch Gott vorgegebene, Zwangsläufigkeit mit der starken Betonung des Individuellen und somit der geschichtlichen Berechtigung von quasi allem, den Analytiker in der Richtung beeinflussen, daß er nicht mit aktuellen Wertmaßstäben frühere geschichtliche oder geschichtsrelevante Prozesse beurteilen könne und dürfe. Die Folge wäre ein Werterelativismus, welcher somit als im Rahmen der Forschung gegebene Erkenntnis als eventuelles Korrektiv für ähnliche Prozesse oder prinzipiell für andere Menschen in einem bestimmten Problemkontext exkludiert. Gleichermaßen könnte die somit implizierte Abwesenheit von Normen ein begründbares Urteil über geschichtlich wirksame Personen nicht zulassen.

Im Rahmen dieser Textanalyse kann die Einschätzung eines Gefahrenpotentials aus einer solchen historistischen Analyse heraus nicht vorgenommen werden. Eventuell sich ergebende Problematisierungen des Historismus und seiner analytischen Instrumente im Zuge eines anderen Verständnis oder einer anderweitig gegebenen Intention sind nicht durch diesen Text verantwortbar und können aus dieser Rede auch nur ungenügend, aus Vermutungen gespeist, hergeleitet werden. Insofern erfährt dieser Text aus Sicht des Analytikers in bezug auf Gestaltung und Inhalt volle Zustimmung.

Eine sicherlich sehr kontroverse Debatte könnte allerdings der Umstand herbeiführen, wie diese Rede in Rechtschreibung, Ausdruck und Satzbau als heute angepaßte und simplifizierte Form, wirkt. Es stellt sich hierbei die Frage, ob die Intention zum einen so wie von Ranke beabsichtigt, erhalten bleibt und ob sich im Sinne des Historismus neue argumentative Facetten ergeben sowie, ob die Rede insgesamt so weiterhin uneingeschränkte Zustimmung erführe.

BEI GRIN MACHT SICH IHR WISSEN BEZAHLT

- Wir veröffentlichen Ihre Hausarbeit, Bachelor- und Masterarbeit

- Ihr eigenes eBook und Buch - weltweit in allen wichtigen Shops

- Verdienen Sie an jedem Verkauf

Jetzt bei www.GRIN.com hochladen und kostenlos publizieren